⑤ 小普羅藝術叢書

有了喜歡的顏色　有了豐富的創意
孩子，你更需要無邊無際的浪彩天空！

·我喜歡系列·

我喜歡紅色

我喜歡棕色

我喜歡黃色

我喜歡綠色

我喜歡藍色

我喜歡白色和黑色

·創意小畫家系列·

蠟筆
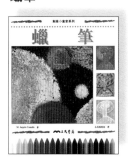

水彩

色鉛筆

粉彩筆

彩色筆

廣告顏料
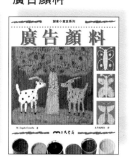

·小畫家的天空系列·

動物畫

風景畫

靜物畫

我喜歡 棕色

M. Àngels Comella 著

許玉燕 譯

三民書局

國家圖書館出版品預行編目資料

我喜歡棕色 / M.Àngels Comella著;許玉燕
譯－－初版二刷.－－臺北市;三民，2003
面;　公分－－(小普羅藝術叢書. 我喜
歡系列)

ISBN 957－14－2866－3　（精裝）

940

網路書店位址：http://www.sanmin.com.tw

ⓒ　我喜歡棕色

著作人　M.Àngels Comella
譯　者　許玉燕
發行人　劉振強
著作財　三民書局股份有限公司
產權人　臺北市復興北路386號
發行所　三民書局股份有限公司
　　　　地址／臺北市復興北路386號
　　　　電話／(02)25006600
　　　　郵撥／0009998－5
印刷所　三民書局股份有限公司
門市部　復北店／臺北市復興北路386號
　　　　重南店／臺北市重慶南路一段61號
初版一刷　1998年8月
初版二刷　2003年4月
編　號　S 94062
精裝定價　新臺幣貳佰捌拾元整
平裝定價　新臺幣貳佰伍拾元整
行政院新聞局登記證局版臺業字第○二○○號

有著作權‧不准侵害

目 次

給父母及師長的話

棕色和我們生活周遭的一切事物息息相關，我們經常會發現許多重要物質的顏色是屬於棕色的，譬如大地或是土壤的顏色。棕色本身並非是純色的，而是經由和其它顏色混合而來的，因此，實際上存在的棕色便有千百萬種。

在我們的日常生活中，接觸到棕色的機會很多，孩童與成人之間必定也會因此而激發出一些對話。編寫《我喜歡棕色》這本書的主要目的，就是希望它能成為這些對話的輔助工具。我們鼓勵孩子們從現在開始便融入書中的世界，在進步的同時，他們可以隨時隨地不斷挖掘新的事物。當然，這一切都必須在大人的指引下進行，如此才能適時提供孩子們所需要的材料和給予協助。

書中有些主題可以依照說明直接進行，然而，這裡的大部分內容主要是為了綜合各方面特點而設計的指南，最後的結果可能不盡相同，完全視這個孩子是和誰一塊兒練習而定。總而言之，我們真正重視

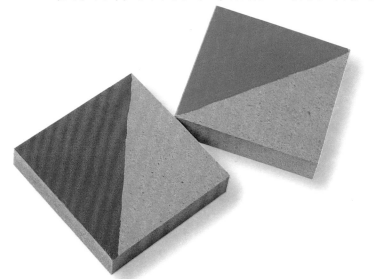

的，不僅僅是練習本身的最後成果；同時，我們也想驗證孩子們對於棕色這個顏色的認知，是否如我們當初預期般相對地進步。

棕　　色

你覺得在這一頁的圖案裡，
那個東西的顏色最接近棕色呢？

我認為栗子或者土壤的顏色最接近。

嗯！我倒覺得是樹幹。
喔！
還是那些枯了的葉子呢？

到底那個東西的顏色最接近棕
色呢？要得到一個相同的答案，
實在是非常困難，因為每個人
所想的顏色根本完全不同嘛！

學一學原始人

古代的原始人已經曉得用畫畫的方式，在岩洞裡留下他們的痕跡。

現在，就讓我們來學一學原始人吧！請你準備好：

▶ 陶土　　▶ 水

▶ 白紙

1 先拿一點點水加入一些陶土中混合。

2 把雙手浸入陶土泥中，然後，在白紙上印下我們的手印。

3 除了紙以外，也可以找來一些抹布或用品，用同樣的方法來製造我們想要的效果。

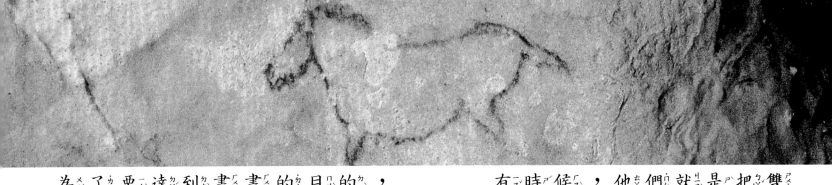

為ㄨㄟˋ了ㄌㄜ˙要ㄧㄠˋ達ㄉㄚˊ到ㄉㄠˋ畫ㄏㄨㄚˋ畫ㄏㄨㄚˋ的ㄉㄜ˙目ㄇㄨˋ的ㄉㄜ˙，原ㄩㄢˊ始ㄕˇ人ㄖㄣˊ曾ㄘㄥˊ經ㄐㄧㄥ使ㄕˇ用ㄩㄥˋ過ㄍㄨㄛˋ泥ㄋㄧˊ土ㄊㄨˇ和ㄏㄜˊ各ㄍㄜˋ種ㄓㄨㄥˇ不ㄅㄨˋ同ㄊㄨㄥˊ色ㄙㄜˋ調ㄉㄧㄠˋ的ㄉㄜ˙棕ㄗㄨㄥ色ㄙㄜˋ材ㄘㄞˊ料ㄌㄧㄠˋ。

有ㄧㄡˇ時ㄕˊ候ㄏㄡˋ，他ㄊㄚ們ㄇㄣ˙就ㄐㄧㄡˋ是ㄕˋ把ㄅㄚˇ雙ㄕㄨㄤ手ㄕㄡˇ沾ㄓㄢ上ㄕㄤˋ泥ㄋㄧˊ巴ㄅㄚ，然ㄖㄢˊ後ㄏㄡˋ在ㄗㄞˋ岩ㄧㄢˊ洞ㄉㄨㄥˋ的ㄉㄜ˙石ㄕˊ塊ㄎㄨㄞˋ上ㄕㄤˋ留ㄌㄧㄡˊ痕ㄏㄣˊ跡ㄐㄧ。

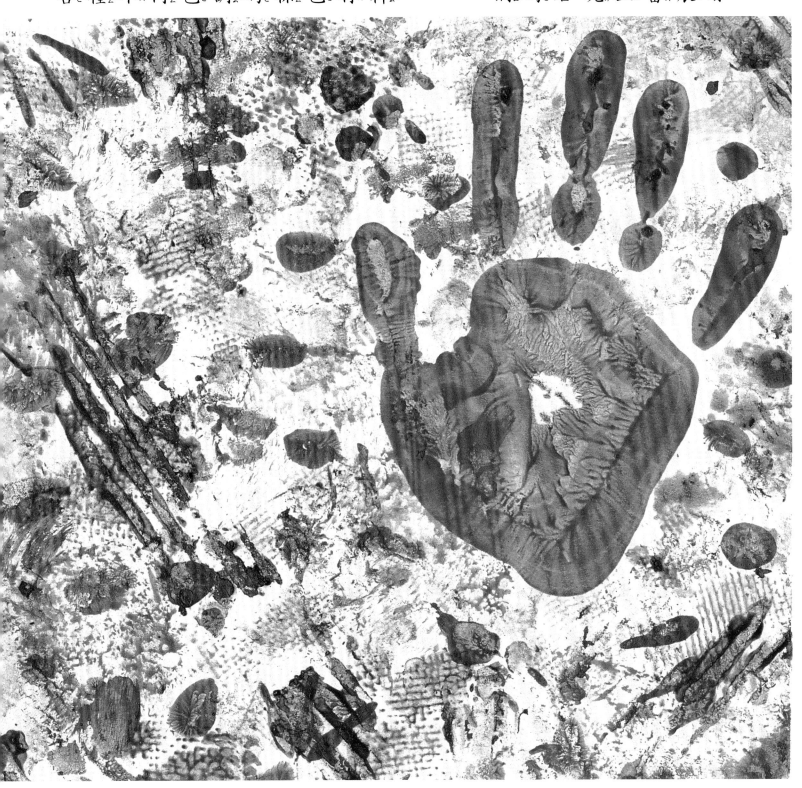

你ㄋㄧˇ也ㄧㄝˇ來ㄌㄞˊ模ㄇㄛˊ擬ㄋㄧˇ一ㄧ下ㄒㄧㄚˋ史ㄕˇ前ㄑㄧㄢˊ時ㄕˊ代ㄉㄞˋ的ㄉㄜ˙人ㄖㄣˊ做ㄗㄨㄛˋ過ㄍㄨㄛˋ的ㄉㄜ˙事ㄕˋ情ㄑㄧㄥˊ吧ㄅㄚ！

猜猜看
在那裡？

現在，讓我們來回憶一下某些已經看過，但是現在卻沒有在我們眼前的顏色。

在開始玩這個回憶的遊戲以前，我們必須先準備：

▶ 小的木頭方塊

▶ 顏料　　　　　　　▶ 畫筆

1 我們用對角線當作分界，用已經準備好的一種顏料，塗滿半個木塊，兩個兩個為一組。

2 我們分別塗好兩塊藍色的、兩塊黃色的、兩塊紫紅色的和兩塊白色的。

3 經過混色以後，我們還可以畫出：橙色、綠色和紫色。

4 等顏料乾了以後，把它們都翻面；接下來，我們就可以開始玩了。

5 每個人每一次都翻出兩塊，如果兩塊的顏色剛好一樣，就收起來；如果不是，那再反面放回原處。最後看誰翻到最多一樣的木塊，那個人就贏了喲！

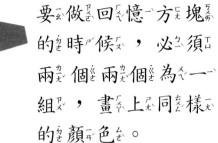 我們使用木頭來製作回憶方塊，這塊木頭本身的顏色就是棕色。

要做回憶方塊的時候，必須兩個兩個為一組，畫上同樣的顏色。

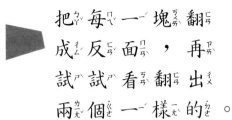 把每一塊翻成反面，再試試看翻出兩個一樣的。

現在，我們把它們翻成反面，然後，就可以開始玩啦！ 9

她們的髮辮是棕色的

有些人的頭髮是棕色的，像安娜就擁有棕色的頭髮和棕色的眼睛。

看過了安娜的頭髮，現在讓我們來找一找下面的材料：

▶ 白色卡紙

▶ 可畫臉的顏料

▶ 黏膠

▶ 棕色的毛線

1 我們先要學一下怎麼用毛線編出髮辮來，我們可以請大人來教我們。

2 然後在娃娃的臉蛋上著色。

3 接著，黏上假髮。

4 我們也可以試著做做看其它沒有留髮辮的人物造型喔！

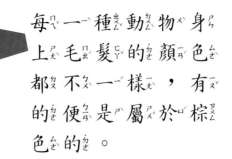

有些動物身上的毛髮是棕色的。

每一種動物身上毛髮的顏色都不一樣，有的便是屬於棕色的。

人類也有毛髮，我們叫做頭髮。有些男人甚至還留著鬍鬚或小髭呢！

讓我們一起來做一個留鬍子的海盜吧？

從前有三隻棕色毛的兔子

如果我們把紫紅色、青藍色和黃色混合以後，就會得到棕色。

現在，讓我們一起來做心目中的小兔子吧！請先準備好：

▶ 像這五種顏色的黏土

1 第一隻兔子我們挑選黃色、藍色和紫紅色的黏土混合，捏出形狀。記得喔！藍色要多放一點點。捏好以後，再替牠做一套藍色的衣服。

2 第二隻兔子的做法和第一隻一樣，不過，多放一些黃色的黏土。

3 第三隻和前兩隻兔子一樣，但是多放一些紫紅色的黏土。

假如我們混合這三種主要顏色時，多加一些些藍色，做出來的棕色就會有點兒偏灰色。

假如我們混合這三種主要顏色時，黃色放得比另外兩種顏色多一些，做出來的顏色我們就叫做黃褐色。

假如我們混合這三種主要顏色時，紫紅色放得比另外兩種顏色多一些，得到的顏色就會像下面這一隻兔子一樣喔！

看看這幾隻兔子的顏色是不是都不一樣呢？

棕色就在這片大地上

假如我們現在是在一片原野上，
請你注意看看腳底下所踩的，
你是不是發現土壤也有它的顏色呢？

試試看來畫一幅特別的圖畫吧
需要的材料有：

▶ 沙子　　　　　　▶ 紙板

▶ 白膠　　　　　　▶ 畫筆

▶ 彩色顏料

1 先拿一片紙板，在上面塗一層白膠。

2 然後，均勻地撒上沙子。

3 等乾了以後，就可以用各種色彩的顏料在上面畫圖案了。

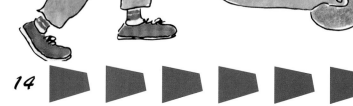

▶ 我們會發現土壤和沙子的顏色其實也是棕色的。

▶ 我們可以直接在地面上畫畫。

▶ 更可以在沙土上創造另一個繽紛的世界喔！

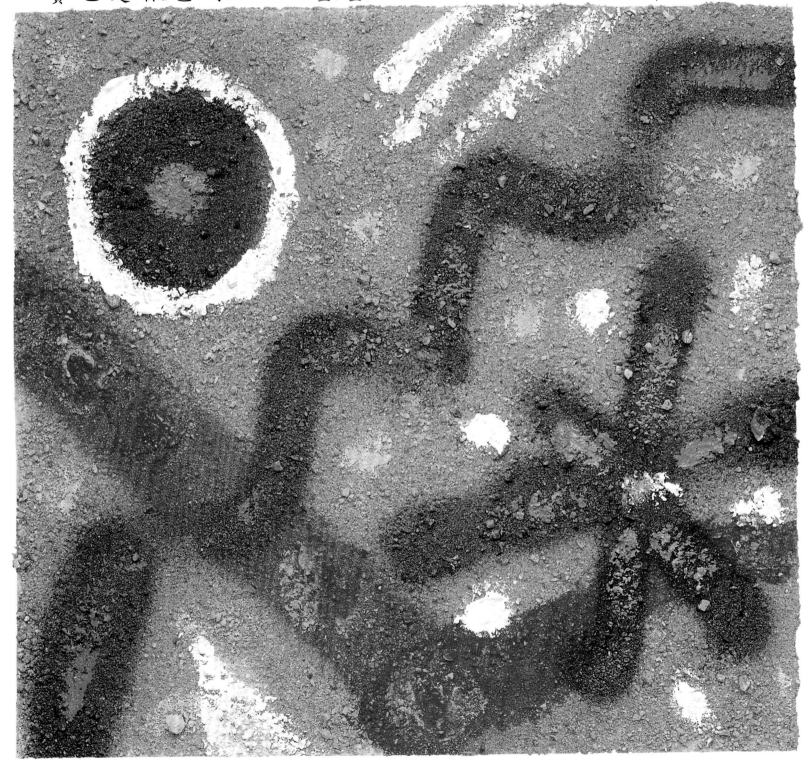

讓我們無憂無慮地想像這幅絢麗的圖畫吧！ ▶ ▶ ▶

好棒的夾心糖喔！

昨天阿姨送我們一盒夾心糖，可是都被吃光了。好可惜喔！那些夾心糖真是讓人回味無窮！

做夾心糖我們會使用到：

▶ 黏土

▶ 硬紙板做的托盤

▶ 夾心糖吃過以後留下來的包裝紙

1 把黃色、紫紅色和非常少量的藍色黏土混合。

2 揉捏成一個夾心糖的形狀。

3 如果每一種顏色黏土放的量都不一樣，那就可以做出各式各樣的夾心糖了。

4 例如，我們多放一些些黃色黏土，看起來就像巧克力牛奶夾心糖；沒有放的話，就像是純巧克力的呢！

▶ 巧克力和夾心糖的顏色都是棕色。

▶ 我們可以用黏土把夾心糖做得像真的一樣喔！

▶ 看我們混合黏土的顏色、量的多少，會做出不同深淺的棕色夾心糖喲！

這裡面的夾心糖有些是真的耶！你看得出來嗎？

好好利用回收紙

回收紙，也就是已經使用過的紙。原本要丟了，可是我們可以再把它們找回來利用喲！

先找來一些各式各樣的回收紙，下面是我們找到的：

▶ 包裝盒

▶ 包裝紙

▶ 包裝用的回收紙

▶ 信封紙

▶ 黏膠

▶ 剪刀

1 我們先用手撕或是用剪刀來剪紙張。

2 依照自己設計出來的圖案，放在比較大的紙張上。

3 放好以後，一幅精彩的圖畫就呈現在大家眼前了。

4 當一切都按照我們設計的放好以後，就用黏膠一個個把它們貼上。

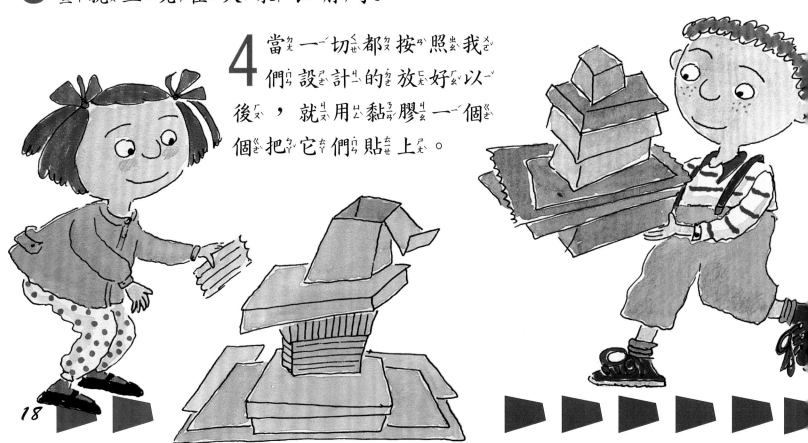

許（ㄒㄩˇ）多（ㄉㄨㄛ）使（ㄕˇ）用（ㄩㄥˋ）過（ㄍㄨㄛˋ）的（ㄉㄜ˙）紙（ㄓˇ）張（ㄓㄤ）、箱（ㄒㄧㄤ）子（ㄗ˙）、紙（ㄓˇ）板（ㄅㄢˇ），都（ㄉㄡ）可（ㄎㄜˇ）算（ㄙㄨㄢˋ）是（ㄕˋ）再（ㄗㄞˋ）生（ㄕㄥ）紙（ㄓˇ）。

這（ㄓㄜˋ）些（ㄒㄧㄝ）再（ㄗㄞˋ）生（ㄕㄥ）紙（ㄓˇ）有（ㄧㄡˇ）各（ㄍㄜˋ）種（ㄓㄨㄥˇ）色（ㄙㄜˋ）彩（ㄘㄞˇ），而（ㄦˊ）且（ㄑㄧㄝˇ）多（ㄉㄨㄛ）半（ㄅㄢˋ）是（ㄕˋ）偏（ㄆㄧㄢ）棕（ㄗㄨㄥ）色（ㄙㄜˋ）的（ㄉㄜ˙）。

利（ㄌㄧˋ）用（ㄩㄥˋ）再（ㄗㄞˋ）生（ㄕㄥ）紙（ㄓˇ）本（ㄅㄣˇ）身（ㄕㄣ）各（ㄍㄜˋ）種（ㄓㄨㄥˇ）不（ㄅㄨˋ）同（ㄊㄨㄥˊ）的（ㄉㄜ˙）顏（ㄧㄢˊ）色（ㄙㄜˋ），便（ㄅㄧㄢˋ）可（ㄎㄜˇ）以（ㄧˇ）拼（ㄆㄧㄣ）湊（ㄘㄡˋ）出（ㄔㄨ）色（ㄙㄜˋ）彩（ㄘㄞˇ）繽（ㄅㄧㄣ）紛（ㄈㄣ）的（ㄉㄜ˙）圖（ㄊㄨˊ）案（ㄢˋ）喲（ㄧㄛ˙）！

請（ㄑㄧㄥˇ）跟（ㄍㄣ）著（ㄓㄜ˙）我（ㄨㄛˇ）們（ㄇㄣ˙）一（ㄧˋ）起（ㄑㄧˇ）來（ㄌㄞˊ）畫（ㄏㄨㄚˋ）出（ㄔㄨ）一（ㄧˋ）幅（ㄈㄨˊ）美（ㄇㄟˇ）麗（ㄌㄧˋ）的（ㄉㄜ˙）圖（ㄊㄨˊ）案（ㄢˋ）……

看看我皮膚的顏色

我們每個人皮膚的顏色都不同，有些比較白，有些就比較黑，有的偏粉紅，有的黃黃的，當然囉！也有人是棕色的皮膚耶！

做好兩個小娃娃，皮膚的顏色都不要一樣。

需要的工具有：

▶ 紙漿土（紙黏土可代用）

▶ 水　　　　　▶ 畫筆

▶ 藍色、黃色、紫紅色和白色的顏料

1 用紙漿土和水先做好兩個小娃娃。

2 等乾了以後，拿畫筆為她們塗上顏色。

3 白色和紫紅色可以調出粉紅色的皮膚。

4 棕色的皮膚可以用黃色、紫紅色和一點點的藍色混合調出來。

▶ 很多人的皮膚是棕色的。

▶ 如果你常常晒太陽的話，皮膚會變得比較黑喲！

▶ 每個人皮膚的顏色都不一樣。

你也可以自己另外做一個娃娃，調出不同顏色的皮膚。▶

嗯！聞起來好香啊！

跟親愛的媽咪吃過早餐沒？
利用我們吃的早餐，
就可以畫出一幅圖畫。

我們到廚房去找找看
有沒有這些東西：

▶ 茶　　　▶ 咖啡粉

　　　　　▶ 巧克力塊

　　　　　▶ 即溶咖啡

另外還要準備好：

▶ 水　　　　　▶ 畫筆

▶ 紙

1 我們先把水沖
調入咖啡中。

2 巧克力和茶也
分別沖調好。

3 現在，我們可以
拿著畫筆，畫出
一幅早餐圖囉！

► 利用從廚房裡找到的東西，我們可以妝點出棕色的色彩喲！

► 棕色圖案集：研磨咖啡、咖啡粉、茶、即溶咖啡、紅糖。

好好玩喔！現在，你是不是從這幅畫聞出早餐的味道了呢！ **23**

這是我的絨毛小熊嗎？

我ㄨㄛˇ的ㄉㄜ˙好ㄏㄠˇ朋ㄆㄥˊ友ㄧㄡˇ拿ㄋㄚˊ了ㄌㄜ˙一ㄧˋ隻ㄓ絨ㄖㄨㄥˊ毛ㄇㄠˊ小ㄒㄧㄠˇ熊ㄒㄩㄥˊ來ㄌㄞˊ做ㄗㄨㄛˋ模ㄇㄛˊ特ㄊㄜˋ兒ㄦˊ，為ㄨㄟˋ牠ㄊㄚ畫ㄏㄨㄚˋ了ㄌㄜ˙一ㄧˋ幅ㄈㄨˊ畫ㄏㄨㄚˋ像ㄒㄧㄤˋ。

為ㄨㄟˋ了ㄌㄜ˙替ㄊㄧˋ絨ㄖㄨㄥˊ毛ㄇㄠˊ小ㄒㄧㄠˇ熊ㄒㄩㄥˊ畫ㄏㄨㄚˋ畫ㄏㄨㄚˋ，請ㄑㄧㄥˇ先ㄒㄧㄢ準ㄓㄨㄣˇ備ㄅㄟˋ好ㄏㄠˇ：

▶ 畫ㄏㄨㄚˋ筆ㄅㄧˇ

▶ 黑ㄏㄟ色ㄙㄜˋ蠟ㄌㄚˋ筆ㄅㄧˇ

▶ 藍ㄌㄢˊ色ㄙㄜˋ、白ㄅㄞˊ色ㄙㄜˋ紫ㄗˇ紅ㄏㄨㄥˊ色ㄙㄜˋ和ㄏㄢˋ黃ㄏㄨㄤˊ色ㄙㄜˋ的ㄉㄜ˙顏ㄧㄢˊ料ㄌㄧㄠˋ

1 先ㄒㄧㄢ用ㄩㄥˋ黑ㄏㄟ色ㄙㄜˋ蠟ㄌㄚˋ筆ㄅㄧˇ描ㄇㄠˊ出ㄔㄨ這ㄓㄜˋ幅ㄈㄨˊ圖ㄊㄨˊ畫ㄏㄨㄚˋ的ㄉㄜ˙圖ㄊㄨˊ形ㄒㄧㄥˊ來ㄌㄞˊ。

2 再ㄗㄞˋ用ㄩㄥˋ顏ㄧㄢˊ料ㄌㄧㄠˋ和ㄏㄢˋ畫ㄏㄨㄚˋ筆ㄅㄧˇ塗ㄊㄨˊ上ㄕㄤˋ各ㄍㄜˋ種ㄓㄨㄥˇ顏ㄧㄢˊ色ㄙㄜˋ。

3 拿ㄋㄚˊ我ㄨㄛˇ們ㄇㄣ˙現ㄒㄧㄢˋ有ㄧㄡˇ的ㄉㄜ˙顏ㄧㄢˊ料ㄌㄧㄠˋ混ㄏㄨㄣˋ色ㄙㄜˋ，調ㄊㄧㄠˊ出ㄔㄨ棕ㄗㄨㄥ色ㄙㄜˋ來ㄌㄞˊ。

4 雖ㄙㄨㄟ然ㄖㄢˊ這ㄓㄜˋ裡ㄌㄧˇ建ㄐㄧㄢˋ議ㄧˋ用ㄩㄥˋ蠟ㄌㄚˋ筆ㄅㄧˇ和ㄏㄢˋ顏ㄧㄢˊ料ㄌㄧㄠˋ畫ㄏㄨㄚˋ畫ㄏㄨㄚˋ，但ㄉㄢˋ是ㄕˋ你ㄋㄧˇ也ㄧㄝˇ可ㄎㄜˇ以ㄧˇ使ㄕˇ用ㄩㄥˋ色ㄙㄜˋ鉛ㄑㄧㄢ筆ㄅㄧˇ或ㄏㄨㄛˋ彩ㄘㄞˇ色ㄙㄜˋ筆ㄅㄧˇ喔ㄛ˙！

每ㄇㄟˇ個ㄍㄜˋ人ㄖㄣˊ對ㄉㄨㄟˋ各ㄍㄜˋ種ㄓㄨㄥˇ色ㄙㄜˋ彩ㄘㄞˇ的ㄉㄜ˙感ㄍㄢˇ覺ㄐㄩㄝˊ都ㄉㄡ不ㄅㄨˋ相ㄒㄧㄤ同ㄊㄨㄥˊ喔ㄛ˙！

如ㄖㄨˊ果ㄍㄨㄛˇ我ㄨㄛˇ們ㄇㄣ˙請ㄑㄧㄥˇ一ㄧˋ些ㄒㄧㄝ人ㄖㄣˊ畫ㄏㄨㄚˋ同ㄊㄨㄥˊ一ㄧˊ個ㄍㄜˋ主ㄓㄨˇ題ㄊㄧˊ，他ㄊㄚ們ㄇㄣ˙使ㄕˇ用ㄩㄥˋ的ㄉㄜ˙色ㄙㄜˋ彩ㄘㄞˇ和ㄏㄢˋ構ㄍㄡˋ圖ㄊㄨˊ一ㄧˊ定ㄉㄧㄥˋ都ㄉㄡ不ㄅㄨˋ一ㄧˊ樣ㄧㄤˋ。

你ㄋㄧˇ覺ㄐㄩㄝˊ得ㄉㄜ˙這ㄓㄜˋ三ㄙㄢ張ㄓㄤ畫ㄏㄨㄚˋ哪ㄋㄚˇ一ㄧˋ張ㄓㄤ比ㄅㄧˇ較ㄐㄧㄠˋ好ㄏㄠˇ呢ㄋㄜ˙？每ㄇㄟˇ一ㄧˋ張ㄓㄤ都ㄉㄡ很ㄏㄣˇ棒ㄅㄤˋ吧ㄅㄚ˙！

你ㄋㄧˇ自ㄗˋ己ㄐㄧˇ畫ㄏㄨㄚˋ的ㄉㄜ˙小ㄒㄧㄠˇ熊ㄒㄩㄥˊ一ㄧˊ定ㄉㄧㄥˋ是ㄕˋ獨ㄉㄨˊ一ㄧˋ無ㄨˊ二ㄦˋ的ㄉㄜ˙喲ㄧㄠ˙！

同一隻貓咪，卻千變萬化耶！

如果用各種不同的顏色來畫同一個圖形，結果會變幻出千百種不同的面貌。

在這個習作裡，我們會使用到：

1 請大人幫我們影印準備好的人物圖形或圖案。

▶ 描好的人物圖形或圖案

▶ 彩色筆

▶ 剪刀

▶ 人物、圖案的影印本

▶ 黏膠

2 把這些影印好的圖案按照圖形剪好。

3 每一個圖案都用不同的顏色畫好。

4 最後，把這些圖案一個接連一個黏貼起來。

▶▶▶▶▶▶▶▶

如果我們把影印很多份的圖案用不同的顏色來著色，畫出來的效果會有明顯的差別喔！

我們可以試試看複製很多份同樣的圖案，然後塗上不同的顏色。

讓我們一起來做一個色彩的實驗吧！看看這些圖案多麼變化萬千呢！

你覺得哪一隻貓咪和你最投緣呢？

ㄅㄛ、ㄖㄨㄟ、ㄇㄧ、ㄈㄚ、ㄙㄛ

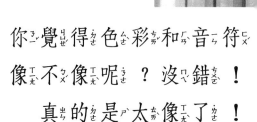

你覺得色彩和音符像不像呢？沒錯！真的是太像了！

我們來做一些按照順序排列的小魚兒。會使用到：

▶ 黃色、橙色、紫紅色、藍色、紫色、綠色、棕色和黑色的亮光紙

▶ 剪刀

▶ 黏膠

1 把亮光紙摺成兩褶或三褶，再剪出一些小魚兒的形狀。

2 所有顏色的亮光紙都用同樣的方法來做。

3 儘量用最有順序的方法，把剪好的小魚兒黏貼起來。

4 我們可以用各種方法來排列這些彩色小魚兒喲！

▶ 顏ㄧㄢˊ色ㄙㄜˋ也ㄧㄝˇ可ㄎㄜˇ以ㄧˇ像ㄒㄧㄤˋ音ㄧㄣ符ㄈㄨˊ一ㄧ樣ㄧㄤˋ，按ㄢˋ照ㄓㄠˋ一ㄧ定ㄉㄧㄥˋ的ㄉㄜ順ㄕㄨㄣˋ序ㄒㄩˋ來ㄌㄞˊ排ㄆㄞˊ列ㄌㄧㄝˋ喔ㄛ！

▶ 彩ㄘㄞˇ虹ㄏㄨㄥˊ的ㄉㄜ七ㄑㄧ種ㄓㄨㄥˇ顏ㄧㄢˊ色ㄙㄜˋ也ㄧㄝˇ是ㄕˋ有ㄧㄡˇ特ㄊㄜˋ定ㄉㄧㄥˋ的ㄉㄜ順ㄕㄨㄣˋ序ㄒㄩˋ。

▶ 注ㄓㄨˋ意ㄧˋ看ㄎㄢˋ一ㄧ下ㄒㄧㄚˋ你ㄋㄧˇ的ㄉㄜ彩ㄘㄞˇ色ㄙㄜˋ筆ㄅㄧˇ盒ㄏㄜˊ，它ㄊㄚ們ㄇㄣ也ㄧㄝˇ是ㄕˋ按ㄢˋ照ㄓㄠˋ顏ㄧㄢˊ色ㄙㄜˋ的ㄉㄜ順ㄕㄨㄣˋ序ㄒㄩˋ來ㄌㄞˊ排ㄆㄞˊ列ㄌㄧㄝˋ的ㄉㄜ喲ㄧㄡ！

想ㄒㄧㄤˇ一ㄧ想ㄒㄧㄤˇ，你ㄋㄧˇ會ㄏㄨㄟˋ怎ㄗㄣˇ樣ㄧㄤˋ排ㄆㄞˊ列ㄌㄧㄝˋ這ㄓㄜˋ些ㄒㄧㄝ小ㄒㄧㄠˇ魚ㄩˊ兒ㄦ呢ㄋㄜ？

我可以在地面上畫圖嗎？

在一個地方自由自在畫圖的機會並不是常常有喔！今天，就讓我們徵求大人的同意，用彩色粉筆在屋頂的平台上盡情地畫圖吧！

要在屋頂平台上畫圖，需要：

▶ 彩色粉筆

1 先想好一個像房子那麼大的圖畫。

2 然後用彩色粉筆畫下來。

3 當然囉！我們得先爬上頂樓才能這麼做。

4 你也可以找一些要好的朋友一起來畫畫，這樣會更有趣喲！

▶ 我ㄨㄛˇ們ㄇㄣ˙可ㄎㄜˇ以ㄧˇ畫ㄏㄨㄚˋ很ㄏㄣˇ小ㄒㄧㄠˇ的ㄉㄜ˙圖ㄊㄨˊ，當ㄉㄤ然ㄖㄢˊ也ㄧㄝˇ可ㄎㄜˇ以ㄧˇ畫ㄏㄨㄚˋ很ㄏㄣˇ大ㄉㄚˋ的ㄉㄜ˙圖ㄊㄨˊ。

▶ 就ㄐㄧㄡˋ有ㄧㄡˇ人ㄖㄣˊ畫ㄏㄨㄚˋ出ㄔㄨ和ㄏㄜˊ房ㄈㄤˊ子ㄗˇ一ㄧˊ樣ㄧㄤˋ大ㄉㄚˋ或ㄏㄨㄛˋ者ㄓㄜˇ更ㄍㄥˋ大ㄉㄚˋ的ㄉㄜ˙圖ㄊㄨˊ耶ㄧㄝ！

▶ 鋪ㄆㄨ在ㄗㄞˋ地ㄉㄧˋ面ㄇㄧㄢˋ的ㄉㄜ˙棕ㄗㄨㄥ色ㄙㄜˋ地ㄉㄧˋ磚ㄓㄨㄢ，是ㄕˋ可ㄎㄜˇ以ㄧˇ讓ㄖㄤˋ我ㄨㄛˇ們ㄇㄣ˙用ㄩㄥˋ彩ㄘㄞˇ色ㄙㄜˋ粉ㄈㄣˇ筆ㄅㄧˇ畫ㄏㄨㄚˋ圖ㄊㄨˊ的ㄉㄜ˙最ㄗㄨㄟˋ佳ㄐㄧㄚ畫ㄏㄨㄚˋ布ㄅㄨˋ。

想ㄒㄧㄤˇ不ㄅㄨˋ想ㄒㄧㄤˇ來ㄌㄞˊ畫ㄏㄨㄚˋ各ㄍㄜˋ種ㄓㄨㄥˇ不ㄅㄨˋ同ㄊㄨㄥˊ的ㄉㄜ˙主ㄓㄨˇ題ㄊㄧˊ呢ㄋㄜ˙？比ㄅㄧˇ如ㄖㄨˊ一ㄧˊ座ㄗㄨㄛˋ小ㄒㄧㄠˇ島ㄉㄠˇ、一ㄧˋ艘ㄙㄡ船ㄔㄨㄢˊ……

混色練習

我們現在來作色彩的混色練習，會用到的顏色主要有三種：

黃色、紫紅色、藍色

單單是三種顏色，就幾乎可以創造出所有的色彩了。

假如我們把這三種顏色兩個兩個混合，會得到綠色、橙色和紫色。

假如我們把三種顏色都混在一起，但是其中一種顏色加得比另外兩種多，棕色就跑出來了。

假如沒有光線，就不會有棕色，也不會有其它的顏色了。

附中英雙語CD
（共八冊）

適讀年齡：10歲以上

愛閱雙語叢書

Teens' Chronicles

青春記事簿

懵懵懂懂

青澀的滋味

全新創作的英文讀本（附中譯）
帶給你優格(yogurt)般青春的酸甜滋味！

David's
First Party
大維的驚奇派對
Coleen Reddy 著

Amy's
Show-and-Tell
秀寶貝，說故事
Coleen Reddy 著
賴怡君・王平 繪
蘇秋華 譯

Jack's
First Crush
傑克的戀愛初體驗
Coleen Reddy 著
賴怡君・王平 繪
蘇秋華 譯

The New Boy
from LA
誰是他爸爸？
Coleen Reddy 著
賴怡君・王平 繪
蘇秋華 譯

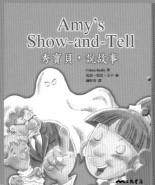

David
the Rebel
叛逆大維打工記
Coleen Reddy 著
蘇秋華 譯

Your **U**nforgettable **M**emories
In **O**ur **E**nglish **S**tories

你我身上純真的影子
透過一篇篇幽默風趣的故事重現
推薦你這套青春無悔的創作系列
讓愛玫、杰生、大維、凱爾、海倫、傑克
帶你進入他們的世界
品味另一種學習英語的全新感受

Jason's
Big Secret
杰生的大祕密

The New Teacher
is an Alien
外星老師來上課
Coleen Reddy 著
賴怡君・王平 繪
蘇秋華 譯

School's
Out
耶！放假了！
Coleen Reddy 著
賴怡君・王平 繪
蘇秋華 譯

誰不輕狂

枉負少年

少年版的「六人行」
愛閱雙語叢書「青春記事簿」
不同於其他翻譯自國外的讀本
是由旅居臺灣的外籍老師以實際教學經驗
為臺灣的青少年朋友編寫
不僅是青少年朋友學習語言的最佳讀物
也是健康的青春期精神食糧！

寂寞的天才
達文西之謎

放羊的小孩與上帝
喬托的聖經連環畫

石頭裡的巨人
米開蘭基羅傳奇
Michelangelo Buonarroti

光影魔術師
與林布蘭聊天說畫

孤傲的大師
追求完美的塞尚

兒童文學叢書
藝術家系列

● 適讀年齡：10歲以上 ●

榮獲新聞局2002年兒童及少年讀物類金鼎獎

第四屆人文類「小太陽獎」暨
第十七、十九次中小學生優良課外讀物推介

「好書大家讀」活動推薦暨
1998年、2001年最佳少年兒童讀物

拿著畫筆當鋤頭
農民畫家米勒

思想與歌謠
克利和他的畫

畫家與芭蕾舞
粉彩大師狄嘉

無聲的吶喊
孟克的精神世界

人生如戲
拉突爾的世界